Fibel

von M. F. Eisenlohr

Deutsches Kinderbüchlein

Bilder von Wolfinger

Druck und Verlag der Buchhandlung Ludwig Auer
Pädagogische Stiftung Cassianeum
Donauwörth

Die Fibel „Deutsches Kinderbüchlein" von M. F. Eisenlohr
erschien erstmals im Jahre 1920
im Verlag der Buchhandlung Ludwig Auer
Pädagogische Stiftung Cassianeum in Donauwörth.
Dieser Faksimile-Nachdruck ist übernommen
von der vierfarbigen Ausgabe aus dem Jahr 1927,
die dem „Handbuch für den ersten Unterricht
im Lesen und Schreiben, im Anschluß an
das ‚Deutsche Kinderbüchlein' bearbeitet von
M. F. Eisenlohr" beigebunden ist.

Das Original befindet sich im Archiv
des Verlags Ludwig Auer, Donauwörth.
Das Nachwort zur Faksimile-Ausgabe
schrieb Adelheid Auf'm Kolk.

1. Auflage. 1992

Gesamtherstellung: Ludwig Auer GmbH, Donauwörth
ISBN 3-403-0**2207**-2

Fibel

von M. F. Eisenlohr

Deutsches
Kinderbüchlein

Inhalts-Verzeichnis.

Sieb

Si chel

Ma ſchi ne

Tiſch

i

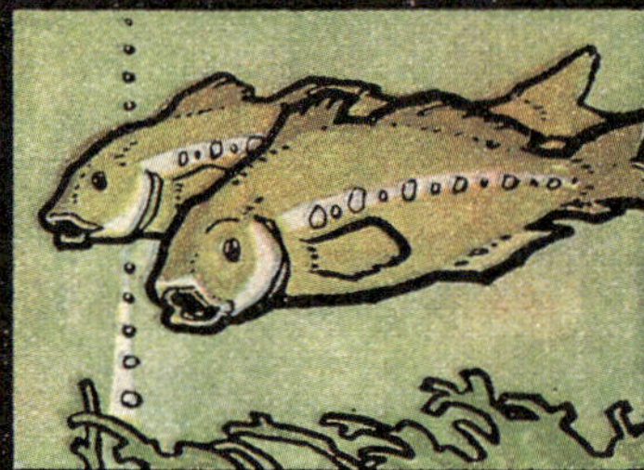

Fi ſche

Wie ge

Wie ſe

Kir che

Zie ge

Pin ſel

Ki ki ri ki

i i i

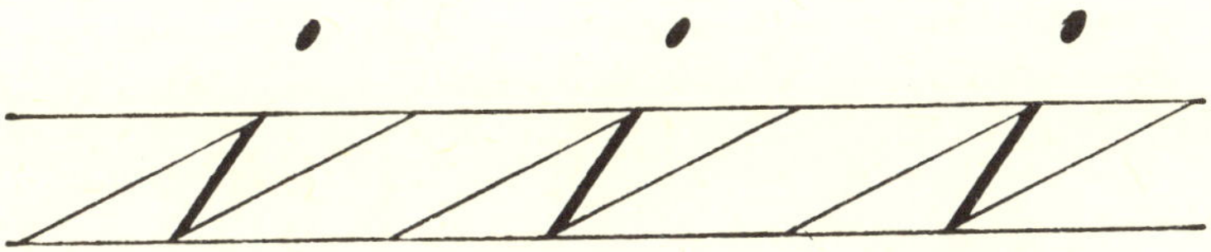

Ke gel
e
Reh
Be sen
Zan ge
Sche re
Schu ster
u
Krug
Pu del
Hut
Kuh

e e

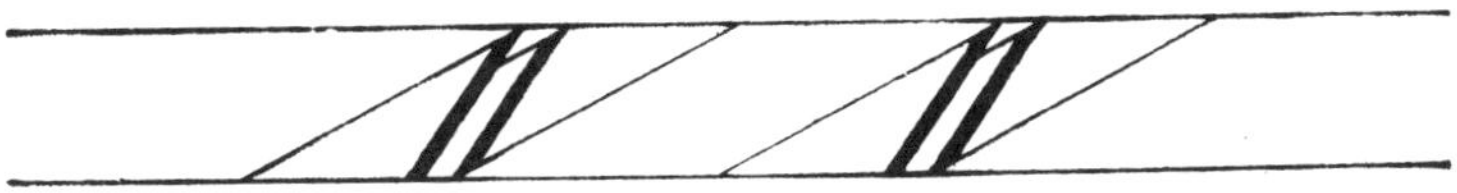

i i e e

u u

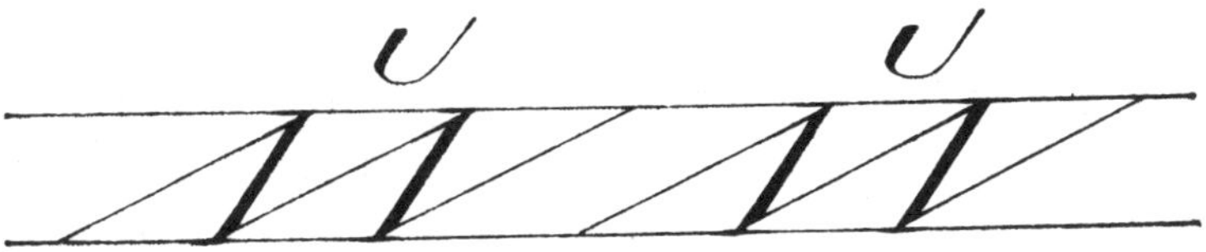

i e u

Beil

ei

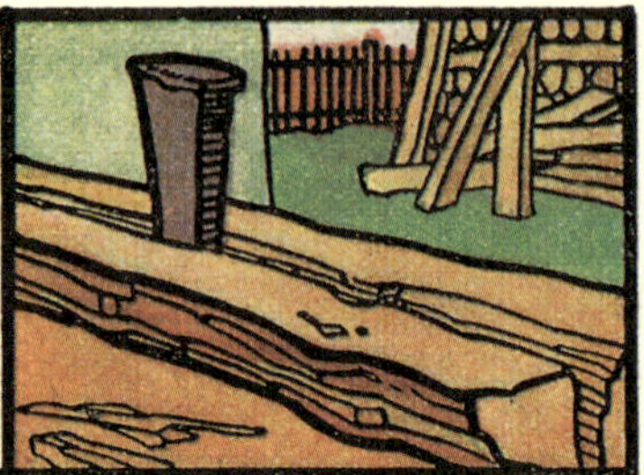

Keil

Krei ſel

Seil

Lei ter

Helm

m

Baum

Pal me

Rie men

Blu men

ei ei

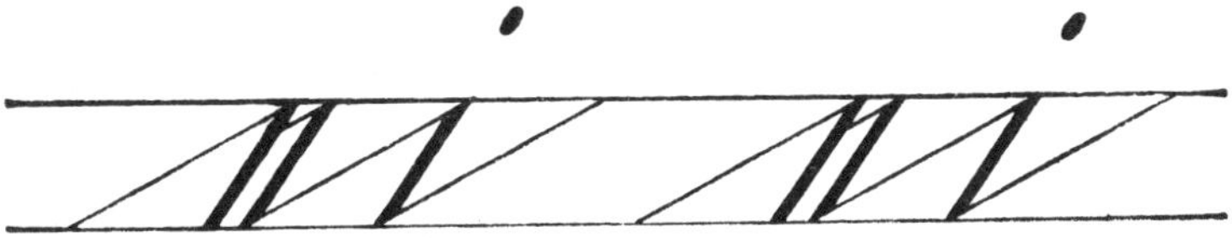

i e u ei

m m

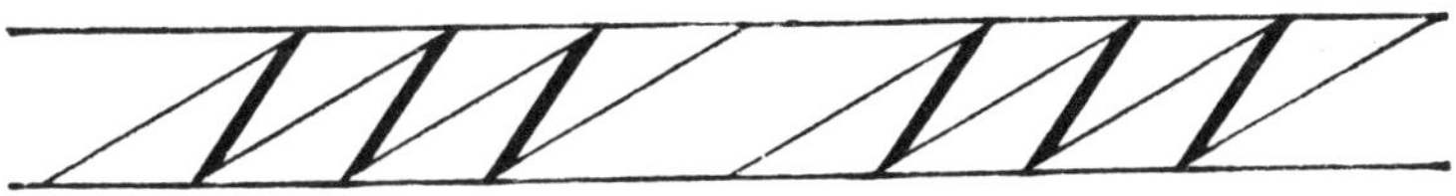

i e u ei m

Tor

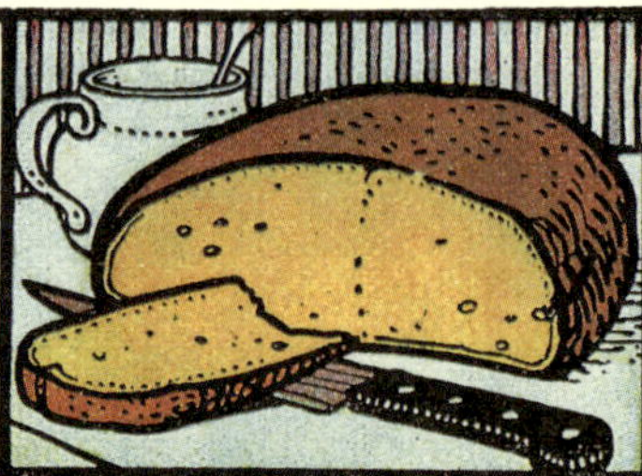

Brot

Hof

Ro ſe

O

Vo gel

Ho bel

Holz

Poſt

Ka no ne

Sol dat

Lo ko mo ti ve

o o o

o o

i e ei u o m

Rad

Schaf

Bad

Ra be

a

Ha se

Wa ge

Na gel

Ga bel

Ha fen

Faß

Ta fel

a a

a a

e i ei u m o a

Be ſen

ſ

Sen ſe

Mei ſe

Do ſe

Ha ſe

Scha fe

f

Schau fel

O fen

Kä fig

Stie fel

1.

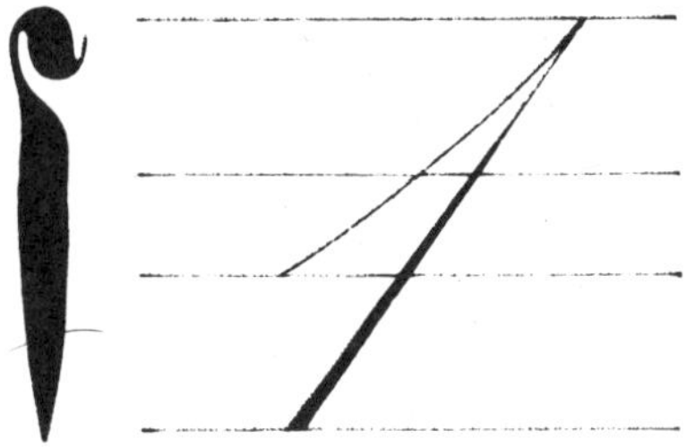

me ma mei

ſe ſa ſei

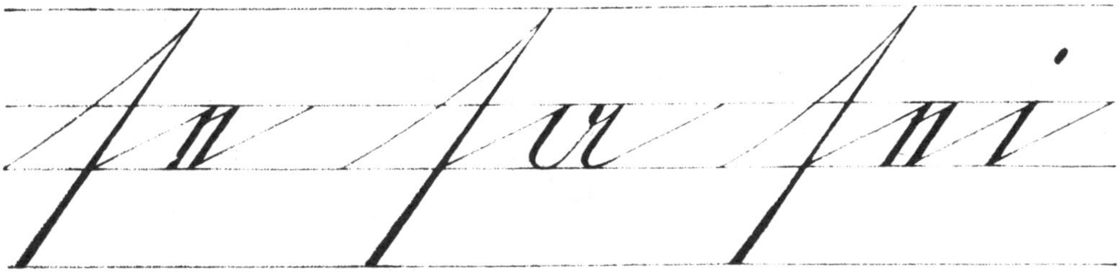

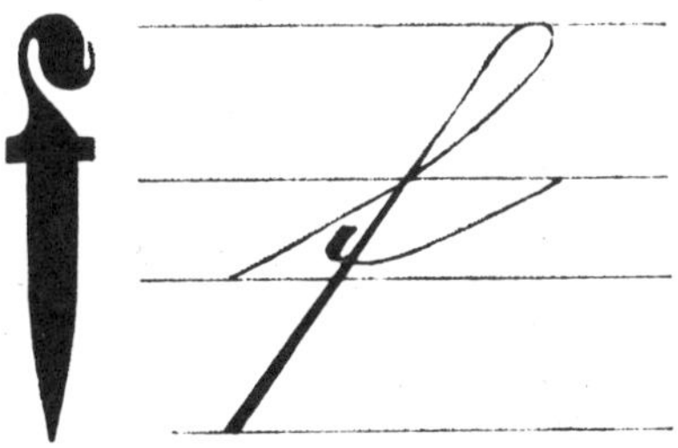

me ma mei

ſe ſa ſei

fe fa fei

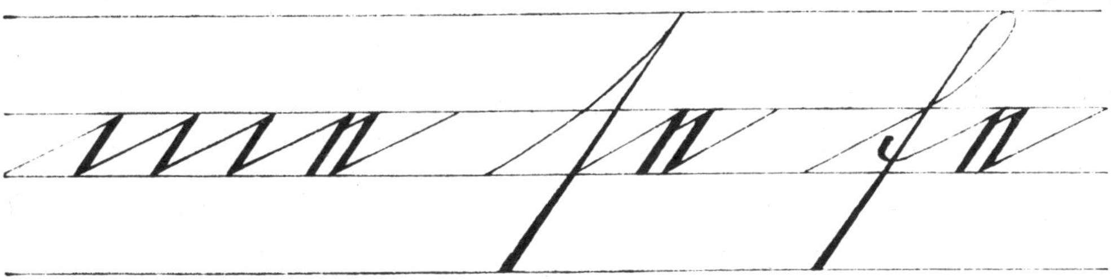

l
Seil
Beil
E ſel
Müh le
Eu le
r
Kä fer
Tür me
Mar der
Mau rer
Ei mer

2.

l

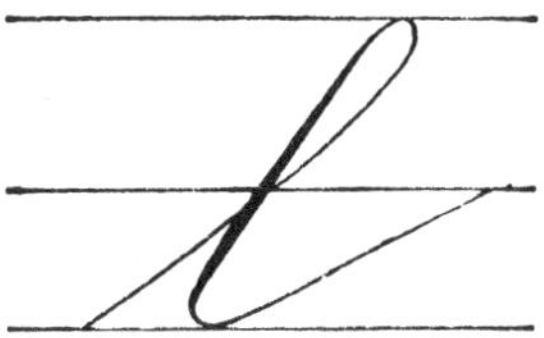

le ſe — ma le
lei ſe — fei le
le ſe — ei le

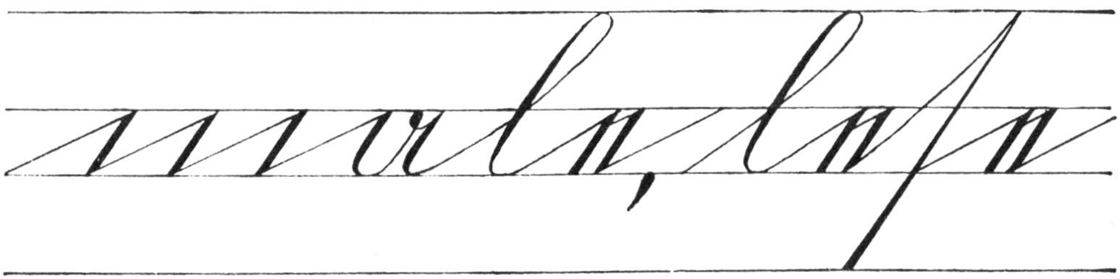

3.

r

lei ſe — lei me
rei ſe — lei ſe
le ſe — lei me

i u m e ei ſ f l r

Bir nen

n

Kir schen

Ran zen

Ka min

Kahn

Tau ben

b

Schei ben

Gar be

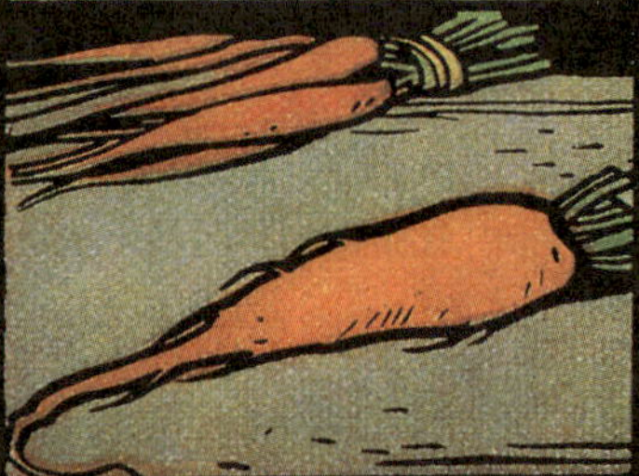

Rü be

Korb

4.

n

ei le	ei len	le ſen
ſei le	ſei len	rei ſen
ma le	ma len	ra ſen

5.

b

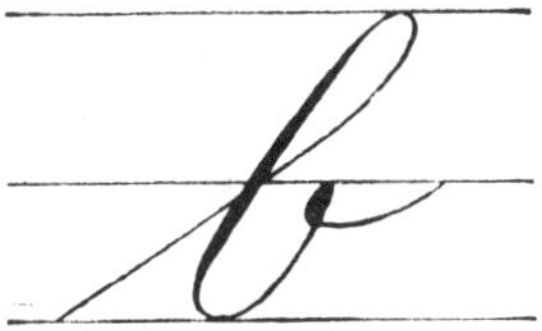

le be	le ben	le ſen
lo be	lo ben	le ben
rei be	rei ben	rei ſen
be be	be ben	rei ben

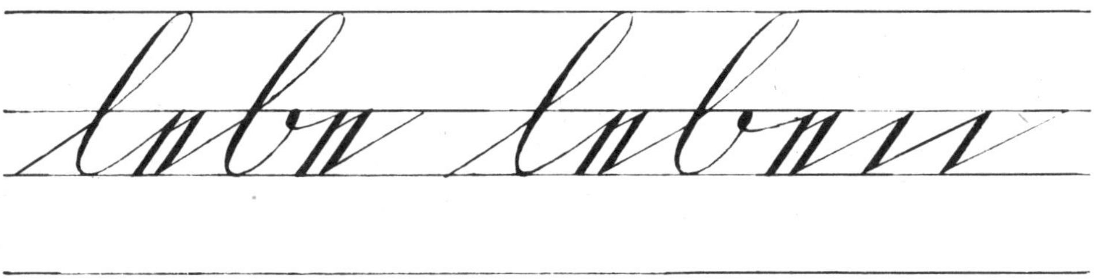

Fa den
d
Na del
Fe der
Krei de
Hund
Sä ge
g
Wa gen
Gei ge
Or gel
Stie ge

6.

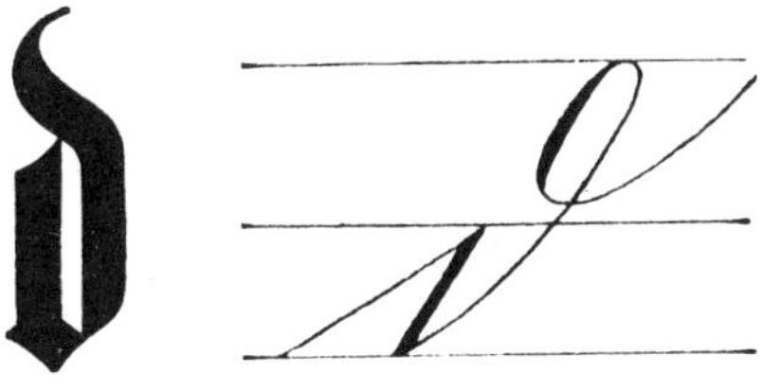

ba de	ba den	le ben
re de	re den	la den
la de	la den	rei ſen
lei de	lei den	lo ben
mei de	mei den	re den

7.

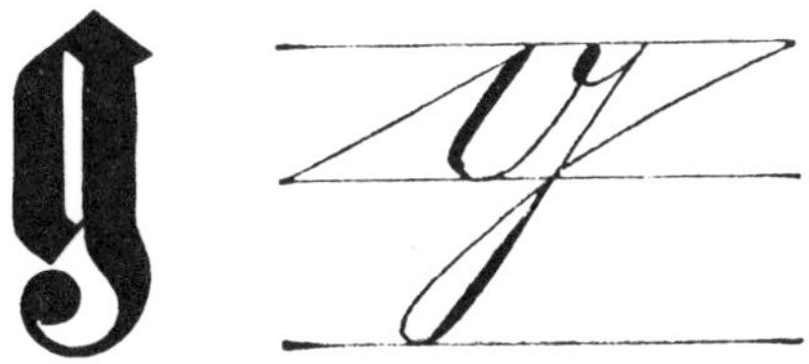

le ge	le gen	le ſen
na ge	na gen	gei gen
ſa ge	ſa gen	lo ben
gei ge	gei gen	la den
nei ge	nei gen	fei len

8.

wir

wir ba den — wir gei gen
wir re den — wir ſa gen
wir la den — wir fe gen
wir le ſen — wir wei nen
wir ma len — wir fei len

10.

vor

wir le ſen vor, wir re den vor,
wir gei gen vor, wir ei len vor an,
wir ma len vor; wir . . . .

11.

wo le ſen wir? — wir le ſen . . .
wo ba den wir? — wir ba den . . .
wo ma len wir? — wir ma len . . .
wo wei nen wir? — wir wei nen . . .

9.

wir baden,

wir zeigen,

wir fegen.

12.

wo lesen wir?

wo fegen wir?

wo rudern wir?

Wal ze

z

Holz

En ten

t

La ter ne

Rau pe

p

Lam pe

Schau kel

k

Pa ket

men ſen fen len ben den gen

13.

z

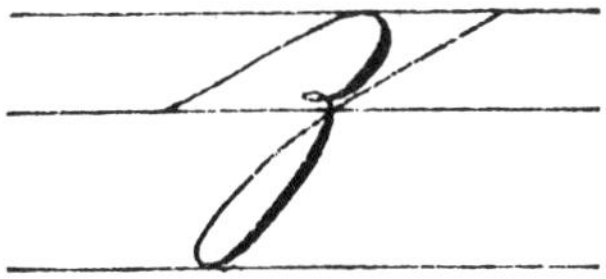

rei ze	rei zen	zei gen
wal ze	wal zen	gei gen
ſal ze	ſal zen	nei gen
fal ze	fal zen	ſa gen

14.

t

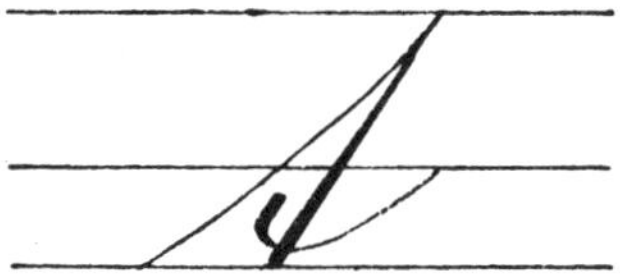

lei te	lei ten	tei len
rei te	rei ten	ſei len
ra te	ra ten	ei len
be te	be ten	ma len
fal te	fal ten	fei len

15.

p

ru ſe em por!	pum pe
ei le em por!	pum pen
rei te em por!	zir pe
ei le em por!	zir pen

16.

k

mer ke	mer ken	zei gen
mel ke	mel ken	nei gen
wir ke	wir ken	gei gen

de te — be pe — ge ka

Pfau

au

Tau be

Maus

s

Haus

Nu ß

ß

Fa ß

Ne ſt

ſt

Ka ſten

17.

au 

ſau gen kau fen
ſau ſen rau fen
ſau fen lau fen
ſau ber ſau fen

18.

s 

na gen, na ge es aus;
fe gen, fe ge es aus;
rei ben, rei be es aus;
ma len, ma le es aus;
ſa gen; ſa ge es laut.

19.

ß 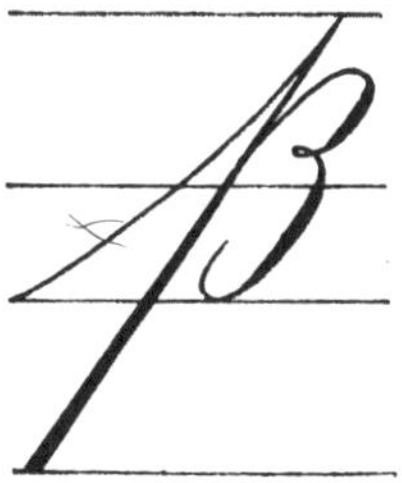

bei ßen, was bei ßen wir?
rei ßen, was rei ßen wir?
wei ßen, wo wei ßen wir?
fe gen, was fe gen wir?
kau fen; was kau fen wir?

20.

ſt 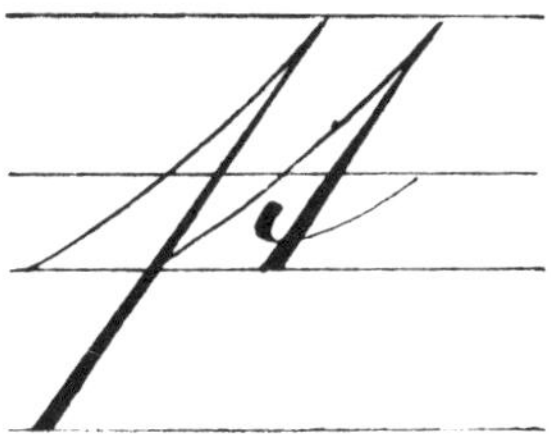

fa ſten, was iſt rein?
ra ſten, wer iſt fein?
ta ſten, wer iſt alt?
ko ſten, was iſt kalt?
ro ſten, was iſt weiß?

21.

h

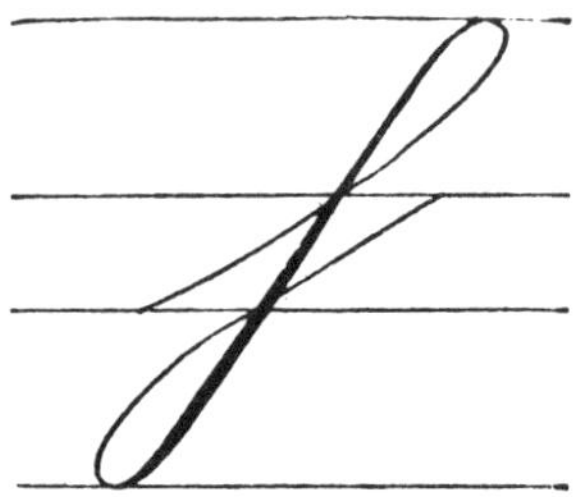

wir ha ben ge le ſen;
wir ha ben ge ru fen;
wir ha ben ge re det;
wir ha ben ge be tet;
wir ha ben ge war tet;
wir ha ben ge ba det.

du haſt . . . .
er hat . . . .

22.

wo hin lau fen wir? — wir lau fen in . .
wo hin ei len wir? — wir ei len . . . .
wo hin rei ten wir? — wir rei ten . . . .
wo hin wa ten wir? — wir wa ten in . .
wo hin rei ſen wir? — wir rei ſen . . . .

23.

her — hin
wo her? — wo hin?
da her — da hin?

24.

wer redet?

wer betet?

wer leidet?

25.

wer	re det?	wer	be tet?
wer	lei det?	wer	war tet?
wer	la det?	wer	ra tet?
wer	ba det?	wer	rei tet?

26.

hast	du	ge le sen?	—	nein
hast	du	ge ru fen?	—	nein
hast	du	ge re det?	—	nein
hast	du	ge lo gen?	—	nein
hast	du	. . . . ?	—	. . . .

27.

ja ja

haſt	du	ge le ſen?	—	ja
haſt	du	ge re det?	—	nein
haſt	du	ge ru fen?	—	ja
haſt	du	ge be tet?	—	ja
haſt	du	ge hol fen?	—	ja
haſt	du	ge wor fen?	—	nein

ja oder nein!

28.

haſt du geleſen?

ja oder nein!

29.

wir ge hen, wir fle hen,
wir se hen, wir sei hen . . .
wir ste hen, wir lei hen dir das . . .

wir ge hen, ste hen, fle hen, sei hen, lei hen,
er geht, steht, fleht, seiht, leiht.

30.

et was ma len, et was kau fen,
et was le sen, et was ver kau fen,
et was ler nen, et was ar bei ten.

31.

wir ru fen hin ein; wir ru fen her ein;
wir rei ten hin aus; wir ge hen her aus;
wir zei gen hin ab. wir ei len her ab.

32.

o je, das war kalt; nun ist es warm;
wir ei len hin aus; wir lau fen vor an;
wer geht mit? — wir blei ben da; wir
ma len; wir le sen; wir ler nen; erst
heißt es fertig sein.

33.

ler ne was, so weißt du was!

Heu

eu

Scheu ne

Re chen

ch

Be cher

Ti ſch

ſch

Fla ſche

Ko pf

pf

To pf

34.

eu 

heu te iſt es heiß;
heu te iſt gut heu en;
heu er ſind wir bald
fer tig.

35.

ch 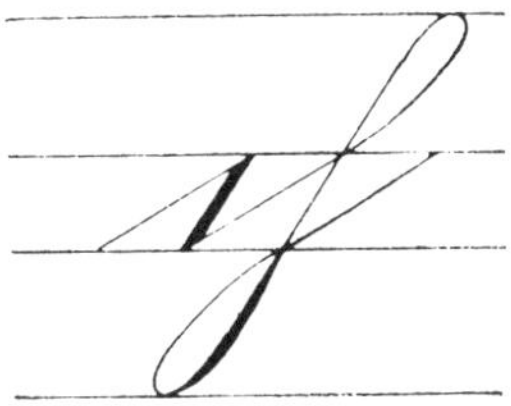

re chen, ich re che nach;
ſu chen, ich la de auf;
la chen, ich ge he heim;
ma chen, ich ma che zu;
ko chen; ich ru he aus.

36.

ſch 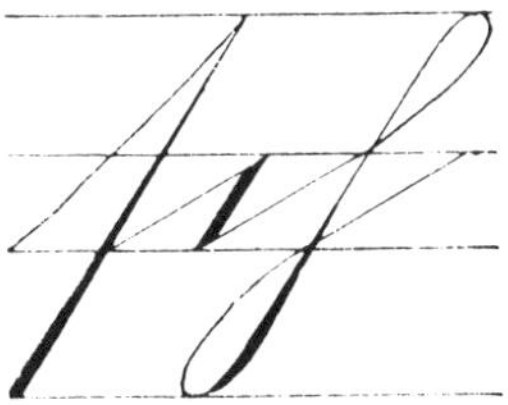

wi ſchen, ich wi ſche ab;
wa ſchen, ich wa ſche mich;
ha ſchen, ich ha ſche dich;
hu ſchen, ich hu ſche fort;
na ſchen; ich na ſche nicht;
tau ſchen; ich tau ſche mit
dir.

37.

pf 

was muß ich wa ſchen?
was muß ich zup fen?
wen muß man rup fen?
wem muß man pfei fen?

ei au eu — ſt h ch ſch pf

38.

ö

wir le sen; le set ein mal laut vor! — wir hö ren euch zu; nun le sen wir; wir le sen schön und deut lich; wer hat schö ner ge le sen?

39.

ä

täg lich ko chen, heizen; öf ter nä hen, wa schen.

nah, nä her, — hoch, hö her.

40.

ü

wir tur nen; wir ü ben fleißig; wer macht es am be sten? — gebt acht! — eins, zwei! eins, zwei! wir wer den rasch mü de; wir ru hen et was aus.

41.

ra te, was ich ger ne ha ben möch te!

42.

ie 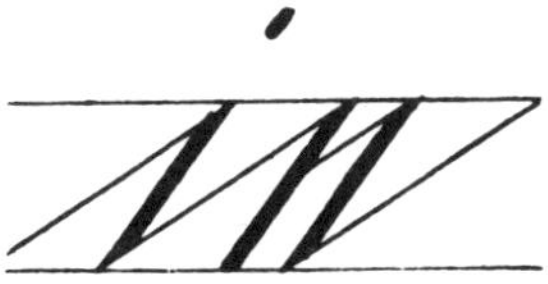

lie gen, wir lie gen da;
bie gen, wir bie gen es;
ſie gen, wir ſie gen doch;
wie gen, wir . . . .

43.

da ſind ſie, da;
ru hig, wir zie len;
wir ſchie ßen, bum, bum;
wie ſie flie gen, wie ſie flie gen;
wir ſchie ßen noch ein mal;
bum, bum, bum;
ſie ben ſind tot;
wir ſchie ben ſie ein.

44.

nun ha ben wir lang ge le ſen;
ra tet ein mal, was wir nun tun;
ma len; — nein!
ſin gen; — nein!
was dann?
wir ge hen hin aus und ſau ſen auf und ab;
ein mal hin,
ein mal her;
da ge hen wir mit.

45.

ng

ſin gen, wir ſin gen,
rin gen, wir rin gen,
ſan gen, wir ſan gen,
fan gen; wir fan gen.

wir lau fen lang ſam; wir re den lang ſam;
wir ge hen lang ſam; wir be ten lang ſam;

lang, bang, jung, ging, ſing!

46.

nk

win ken, wir win ken,
hin ken, wir hin ken,
dan ken, wir dan ken,
zan ken; wir zan ken.

ſich wa ſchen, wir wa ſchen uns,
ſich ba den, wir ba den uns,
ſich re gen, wir re gen uns,
ſich freu en; wir freu en uns.

47.

bin ich auch noch jung und klein,
flei ßig muß ich doch ſchon ſein.

d D Do ra

d D Dora

Do	Da	Dor.
Do ra	Da vid	Dorf
Do ſe	Da me	Dorn

1. Das Dorf.

Do ra, wir ge hen hin aus vor un ſer Dorf. Da liegt es nun ſchön un ter uns. Die Dä cher ſind rot und grau. Dort ſchaut un ſer Dach her aus; un ſer Dach iſt rot Da heim iſt es doch am be ſten.

2. Der Dorn.

Do ra ſtach ſich ei nen Dorn in den Dau men. Do ra zog den Dorn lang ſam her aus. Da fing es an zu blu ten. Der Dau men tat noch lan ge weh. Das macht nichts, ſagte Do ra, wenn nur der Dorn her aus iſt.

o O Ofen

o O Ofen

O	Ol	Os
O fen	Ol ga	Os kar
O heim	Ol ga	Os wald

1. Der On kel er zählt.

O, heu te iſt es kalt. Da heim iſt es warm. Ol ga hat gut ein ge heizt. Der O heim oder On kel iſt auf der O fen bank ne ben dem war= men O fen. O, wie rot leuch tet es durch die O fen türe. Os kar und Os wald ſet zen ſich zum On kel auf die O fen bank und hö ren zu; es war ein mal ... es war ein mal ein gro ßer Dra che ..., wei ter, wei ter!

2.

Der O fen, die Ö fen.

o O ö Ö

O o o, nun ſind wir alle froh.

a A A bend

a A Abend

Ar	Am	An	Au	Är
Ar beit	Am boß	An ton	Au ge	Är mel
Ar me	Am ſel	An na	Au guſt	Är ger

1. Am A bend.

Der A bend iſt da. Die Ar beit iſt ge tan. Die Ar me ſind mü de ge wor den. A ber am Am boß geht die Ar beit lu ſtig wei ter; pink pank, pink pank! Da ſte hen ſie mit ru ßi gen Ar men am Am boß. Die Är mel ſind hin auf= ge ſcho ben. An ton, An na und Au guſt ſchau en mit fro hen Au gen zu. Auf ein mal iſt die Ar= beit aus. Da hö ren ſie drau ßen auf dem Aſt lei ſe ei ne Am ſel ſin gen.

2. äu, Äu.

Das Au ge, das Äug lein.

g G Gar ten

g G Garten

Gar	Ger	Ge
Gar ten	Ger te	Ge org
Gar be	Ger trud	Ge büsch
Gar ben	Ger ste	Ge trei de

Ge spräch.

Georg: Ger trud, wo sind denn un se re Gän se schon wie der?

Gertrud: Ge org, ich ha be sie e ben noch im Gar ten ge se hen.

Georg: Ge wiß sind sie auf den Ak ker hin= aus, wo die Gar ben lie gen.

Gertrud: Ganz rich tig. Da sind sie schon; sie rup fen an den Gar ben her um. Aber es ist Ger ste. Die se mö gen sie nicht ger ne.

Georg: Da hast du mei ne Gei ßel.

Gertrud: O, ich ha be im Ge büsch schon ei ne Ger te ab ge bro chen.

e E El sa

e E Elsa

El	Er	Ei	Eu
El sa	Er de	Ei mer	Eu gen
El tern	Er ker	Ei sen	Eu len

Der Ei mer.

El sa war recht folg sam. Ein mal be kam sie von den El tern ei nen klei nen, blau en Ei mer. Er war ganz neu. El sa spiel te ger ne da mit.

On kel Eu gen be such te ein mal die El tern. El sa zeig te dem On kel das schö ne Ge schenk. Da ku gel te es auf die har te Er de. O weh, nun ist es ent zwei, sag te El sa. O nein, sag te der On kel. Das Ding ist fe ster, als du meinst. Der On kel klopf te dar auf. Da tön te es, als ob der fei ne, blau e Ei mer von Ei sen wä re. Ei, sa ge mir, wor aus war der Ei mer?

ſ S Seide

ſ S Seide

Sa	Sei	Sche	Schau
Sa chen	Sei de	Sche mel	Schau kel
Sa men	Sei ſe	Sche re	Schau ſel

1. Die Sche re.

Die Groß mut ter ſaß beim O ſen und näh te. Auf ein mal ſag te ſie: Ger trud, ſu che die Sche re! Ger trud ſaß auf dem Sche mel und ſpiel te. Sie ſtand raſch auf und ſuch te. Die Sche re lag un ter den vie len Sa chen auf der O ſen bank.

2. Die Schau kel.

Der Groß va ter macht ei ne Schau kel in den Gar ten. Er macht mit der Schau ſel zwei tie ſe Gru ben in die Er de; war um? Si mon, ho le das Seil und die an de ren Sa chen.

ſt St Stu be

ſt St Stube

Stu	Stie	Spei	Spie
Stu be	Stie ge	Spei ſe	Spie gel
Stu fen	Stie fel	Spei cher	Spie le

Am Sams tag.

Es iſt heu te ſchon wie der Sams tag. Das iſt aber raſch ge gan gen. Am Sams tag heißt es: Die Stu be put zen! Die Stu fen ab wa ſchen! An ton muß ſei ne Stie fel rei ni gen. El ſa muß die Spei ſe auf räu men. Do ra muß den Spie gel ab rei ben. Al ſo, raſch an die Ar beit! Os kar und An na ſind noch zu klein zur Ar beit. Sie dür fen hin aus auf die Stra ße und ſpie len.

Do ra, was iſt ge ſche hen? O weh, der ſchö ne Spie gel iſt zer bro chen! An ton, raſch die gro=ßen Scher ben auf den Spei cher!

O das Glas, wie bald bricht das!

n N Na men

n N Namen

Na	Nar	An	E
Na men	Nar ziß	An ton	E mil
Na gel	Nar be	An na	E du ard

1. Der Na mens tag.

Am 11. No vem ber iſt mein Na mens tag. Nun ra te, wie ich hei ße! Am 11. No vem ber kommt der Nuß mär tel. Der Nuß mär tel hat ei nen gro ßen Sack. Er ſchüt tet den hal ben Sack mit ten in die Stu be, daß die Nüſ ſe auf dem Stu ben bo den um her rol len.

2.

Nun hö re: ich hei ße .....;
mein Na mens tag iſt am .....
O, ich freu e mich dar auf.

m M Mor gen

m M Morgen

Mau	Mei	Mar	Schu
Mau er	Mei sen	Mar kus	Schu le
Mau rer	Mei ßel	Mar tin	Schu he

1. Am Mor gen.

Der Mor gen ist da. Die Men schen ge hen an die Ar beit. Sie wün schen sich „Gu ten Mor gen“. Die Mau rer stei gen auf das Ge rüst. Der Milch wa gen ist da. Auf den Dä chern pfei fen die Sta ren und Mei sen. Mar kus und Mar tin ge hen in die Schu le. Sie ha ben sau= be re Schu he.

2. Ein Mau rer und ein Ma ler.

Mar tin möch te ein mal ein Mau rer wer den. Er schaut oft den Mau rer leu ten zu, wie sie Mör tel ma chen. Mar kus wird ein Ma ler.

u U Uhr

u U Uhr

U	Uhr	Um	Ü
U fer	Uhr ma cher	Um weg	Ü bung
U hu	Uhr ket te	Um schlag	Ü ber zug

1. Der Groß va ter.

Un ser Groß va ter heißt Ul rich. Er hilft mir manch mal bei der Auf ga be. Ü be dich öf ter im Schrei ben, sagt er zu mir. Ü bung macht den Mei ster.

2.

Um sechs Uhr ste he ich auf.
Um acht Uhr ge he ich in die Schu le.
Um elf Uhr ist die Schu le aus.
Um zwölf Uhr ge he ich zum Es sen.

r R Rei ſen

r R Reifen

Ro	Rei	Re	Ru
Ro ſen	Rei fen	Re chen	Ru te
Ro bert	Rei gen	Re gen	Ru ten
Ro ſa	Rei ter	Re ben	Ru dolf

Spiel und Ar beit.

Rin gel Rin gel Ro ſen! Die Mäd chen ma chen ei nen Rei gen. Sie ſin gen da zu. Ro bert ſpielt mit dem Rei fen. Da kommt Ru dolf. Nun ſpie len Ru dolf und Ro bert Rei ter und Roß. Ro bert macht das Roß. Ru dolf macht den Rei ter. Sie wer den raſch mü de. Sie le gen ſich auf den wei chen Ra ſen und ſchau en in den Gar ten. Da ar bei tet Ro ſa mit ei nem klei nen Re chen. Der Groß va ter bin det die Re ben an die Mau er. Er ſchnei det die lan gen Ru ten ab.

v V Va ter

v V Vater

Va	Ver	Ga
Va ter	Ver bot	Ga ben
Va kanz	Ver druß	Ga bel

Va kanz.

Va ter, heu te ha ben wir Va kanz. Dür fen wir ſpie len? So ſag ten An ton und Vi tus, als ſie aus der Schu le ka men.

O, nein, ſag te der Va ter; ich brau che euch bei de bei der Ar beit. Die Re gen vö gel pfei fen ſchon den gan zen Vor mit tag. Ge wiß, heu te wird es bald reg nen.

An ton und Vi tus ta ten, wie der Va ter ſag te. Sie mach ten dem Va ter nie Ver druß.

Drau ßen la gen die Gar ben in lan gen Rei hen da. An ton und Vi tus wur de es heiß bei der Ar beit. Als ſie fer tig wa ren, fing es auf ein mal an zu reg nen.

w W Winter

w W Winter

Win	Wo	Wei	Wie
Win ter	Wo chen	Wei den	Wie ſen
Win de	Wo gen	Wei her	Wie ſel

A, a, a, der Win ter, der iſt da!

Der Win ter iſt da, juch he! Die Win de pfei fen ü ber das Eis. Wir fürch ten ſie nicht! Wir ſind warm an ge zo gen. Wir ei len auf dem Ei ſe hin und her. Seit ei ner Wo che iſt der gan ze Wei her feſt zu ge fro ren. Das Eis iſt hart. Die Wei den ſte hen ein ſam am U fer. Der Wind reißt ſie hin und her.

Drei Ra ben flie gen ü ber den Wei her. Rab, rab, rab. Sie ſu chen ei nen war men Win kel im Wal de.

Was huſcht da ü ber die Wie ſen? Es iſt ganz weiß. Es war ein Wie ſel im wei ßen Win ter pel ze.

t T Tisch

t T Tisch

Ta	Ta	Tü	Tisch
Ta fel	Ta ler	Tü ten	Tisch tuch
Ta sche	Ta bak	Tü ren	Tisch ge bet

Am Mit tag.

Die Mut ter hat ge kocht. Ro sa muß den Tisch ab räu men. Sie legt die Ta fel in die Ta sche. Va ters Ta bak legt sie in den Stu ben-ka sten. Nun legt sie das Tisch tuch auf den Tisch. Rasch die Tü re auf! Die Mut ter steht drau ßen mit der hei ßen Sup pe. Ro sa, ru fe An ton, Ge org und Ma ri a! Sie spie len. Was spie len sie? „Ta ler, Ta ler, du mußt wan-dern.“ So, nun ist al les da. Sie be ten das Tisch ge bet. Va ter un ser, der du bist in dem Him mel.

z Z Zeit

z Z Zeit

Zei	Zie	Ta
Zei ger	Zie ge	Ta fel
Zei len	Zie gen	Ta del
Zei sig	Zie gel	Ta sche

Die Auf ga be.

Ge stern muß te Ro bert die Zie ge hü ten. Auf dem Zaun saß ein schö nes Vö gel chen. Ro bert ging lei se hin; husch, war es da von. Es war ein Zei sig. Nun bau te Ro bert ei nen O fen aus Zie gel stei nen.

Am A bend kam er mit der Zie ge heim. Nun woll te er die Auf ga be ma chen. Da lösch te das Stu ben licht aus. Nun muß te er die Auf ga be am Mor gen ma chen.

Der Va ter saß am Tisch. Er schau te auf die Uhr und sag te: Es ist Zeit zur Schu le. Ro bert war fer tig. Die Zei len wa ren ta del los.

p P Poſt

p P Poſt

Pa	Pau	Per	Poſt
Pa pa	Pau la	Per le	Poſt bo te
Pa ket	Pau ſe	Per len	Poſt wa gen
Pa ten	Pau ke	Per ſon	Poſt gaul

Die Poſt iſt da, tra ra!

Pa pa, die Poſt iſt da! So ru fen Pi us und Pe ter. Die Poſt gäu le mit dem gel ben Poſt=wa gen ſte hen ſchon da. Ei ni ge Per ſo nen ſtei gen aus. Der Poſt bo te war tet ſchon auf die Pa ke te. Pa pa, ein Pa ket für uns! Das Pa ket iſt vom Pa ten und von der Tan te. Wir ge hen raſch heim und ma chen das Pa ket auf. O wie ſchön: Ei ne Per len ſchnur für Pau la und fei ne Pa pier ſol da ten für den klei nen Pi us. Das Pa ket wog vier Pfund.

f F Fi ſcher

f F Fiſcher

Fi	Fel	Fal	Ru
Fi ſche	Fel ſen	Fal ter	Ru der
Fi ſcher	Fel der	Fal ke	Ru ten

Auf dem Wei her.

Es war ein ſchö ner A bend. Der Wei her lag ein ſam zwi ſchen den Fel ſen. Da kam der Fi ſcher. Er bog am U fer die Ru ten auf die Sei te und mach te den Fi ſcher kahn los. Er ſtieg hin ein. Er faß te die bei den Ru der. Raſch fuhr er in den Wei her hin ein. Ei ni ge Fal ter gau kel ten ü ber das Waſ ſer. Ein Vo gel flog ü ber den Wei her. Er ſpie gel te ſich im Waſ ſer. Es war ein Fal ke. Der Fi ſcher tauch te lang ſam die Net ze in den Wei her. Nach ei ner Stun de hat te er ein Faß voll Fi ſche ge fan gen.

i I da j Ja kob

i Ida j Jakob

I	Ja	Ju
I da	Ja kob	Ju ni
I ſi dor	Ja nu ar	Ju li

1. Die drei Ge ſchwi ſter.

I da, I ſi dor und Ja kob ſind Ge ſchwi ſter. Ja kob iſt äl ter als I da und I ſi dor. Sie ge hen in die Schu le. Ja kob muß I da und I ſi dor öf ter bei der Auf ga be hel fen. Nach der Auf ga be ſpie len ſie auf der Stra ße. Sie ha ben ein an der ger ne.

2. Die Mo na te.

Ja nu ar	A pril	Ju li	Ok to ber
Fe bru ar	Mai	Au guſt	No vem ber
März	Ju ni	Sep tem ber	De zem ber

l L Laden

l L Laden

Li	La	Zi	Wa
Li na	La den	Zi cho rie	Wa ge
Li ter	La ter ne	Zi tro ne	Wa ren

1. Im La den.

Es iſt A bend. Wir zün den die Lam pe an, ſagt die Mut ter. Aber das Öl iſt aus ge gan gen. Li na geht raſch in den La den.

Im La den iſt ein gro ßes Faß Öl. Am Faß iſt ei ne fei ne Pum pe. Li na ſagt: Ich möch te ei nen Li ter Öl. Was noch? Ei ne Wachs ker ze für die La ter ne, ein Pa ket Zi- cho rie, ein Pfund Lin ſen und ei ne Zi tro ne. Die Lin ſen wur den auf der Wa ge ge wo gen.

2. Din ge im La den.

Faß	Ge wichte	Schub la den	Wa ge
Salz	Tü ten	Zuk ker	Lin ſen.

b B Bach

b B Brief

Bo	Bu	Bir	Be
Bo gen	Bu ben	Bir ke	Be ſen
Bo den	Bu chen	Bir ken	Be cher

Vom Bäch lein.

Das Bäch lein eilt aus dem Wal de. Nun macht es ei nen gro ßen Bo gen um den Berg und eilt durch die Wie ſen. Am U fer ſind ſchö ne Blu men. Was gibt es denn im Wal de Schö nes? Ei, da wer fen die Bu chen und die Bir ken dem Bäch lein Blät ter zu. Die ſe ſchwimmen auf dem Waſ ſer wie klei ne Schiff lein. Nun eilt das Bäch lein raſch ins Dorf. Da hat es viel Ar beit. Es muß die Gän ſe ab wa ſchen und die Be ſen rei ni gen. Am U fer ſte hen Bu ben mit ei nem Be cher. Sie war ten auf ſau be res Waſ ſer.

h H Heft

h H Heft

Ha	Ho	Hei	Hu
Ha sen	Ho bel	Hei de	Hu go
Ha ber	Ho nig	Hei mat	Hu bert

Das Heft.

Wir schrei ben in das Heft. Ich ha be ei ne gu te Fe der. Wir schrei ben heu te das gro ße H. Der Herr Leh rer schreibt an der Schul ta fel vor. Wir schrei ben nach. Nun schrei ben wir ei ni ge Wor te; Ha se, Ha ber, Ho bel, Ho nig, Hei de, Hei mat. Wir schrei ben lang sam und schön. Der Herr Leh rer geht von Bank zu Bank. Hein rich, Hans, Hu go und Hu bert schrei ben zu rasch. He le ne und Hed wig schrei ben am schön sten.

k K Kü che

k K Küche

Kü	Ka	Ku	Ker
Kü che	Ka min	Ku chen	Ker ne
Kü bel	Ka ſten	Ku gel	Ker zen

1. Gift im Ka ſten.

Ka ro li na naſch te ger ne. Sie ging in die Kü che und ſuch te Zuk ker. Im Kü chen ka ſten war wei ßes Pul ver. Das ſah aus wie Zuk ker. Sie naſch te da von, be kam aber bald dar auf hef ti ge Schmer zen im Lei be. Das wei ße Pul ver war Gift ge we ſen. Der Va ter hol te ſo fort den Dok tor. Nur mit Mü he konn te der Dok tor hel fen.

2. In der Kü che.

Herd	Ka ſten	Be ſen	Kreuz
Tiſch	Ei mer	Holz	Ka min

1. Win ter freu de.

Wir wol len uns ei nen Schnee mann ma chen, sag te Hein rich nach der Schu le.

O ja, rief A dolf.

Zu erst roll ten sie ei ne gro ße Schnee ku gel zu sam men. Das soll te der Kopf des Schnee-man nes wer den. Dann woll ten sie den Leib ma chen. Da ka men An ton, Wil helm und Ru dolf auch her bei. Sie hal fen al le mit. Da wur de die Ku gel so groß, daß sie die sel be kaum vor-wärts brin gen konn ten. Mit gro ßer Mü he stell ten sie den Schnee mann auf. Sie mach ten ihm Au gen, Na se und Mund. Da zu nah men sie klei ne Koh-len stük ke. Zu letzt ga ben sie ihm ei nen al ten Be sen in den Arm.

2. Schul ei fer.

Im Win ter, wenn es frie ret,
im Winter, wenn es schneit,
da ist der Weg zur Schu le
für wahr noch mal so weit.

Und wenn der Kuk kuck ru fet,
dann ist der Früh ling da,
dann ist der Weg zur Schu le
für wahr noch mal so nah.

Wer a ber ger ne ler net,
dem ist kein Weg zu fern;
im Win ter und im Früh ling
geh ich zur Schu le gern.

3. Rät sel.

Wel cher Mann hat kein Ge hör?
Wel cher Schüt ze hat kein Ge wehr?
Wel cher Kopf hat kei ne Na se?
Wel che Stadt hat kei ne Stra ße?
Wel che Uhr hat kei ne Rä der?
Wel cher Schuh ist nicht von Le der?
Wel cher Hut hat kei nen Rand?
Wel cher Kö nig hat kein Land?

Wel ches Faß hat kei nen Reif?
Wel ches Pferd hat kei nen Schweif?
Wel cher Kamm ist nicht von Bein?
Wel che Wand ist nicht von Stein?
Wel cher Flü gel hat kei ne Fe der?
Wel che Müh le hat kei ne Rä der?
Wel cher Man tel hat kei nen Kra gen?
Wel cher Bau er hat kei nen Wa gen?

4. Wenn die Kat ze ei ne Maus merkt.

Mie ze lag in der So fa ek ke und schlief. Sie hat te sich ganz zu sam men ge ku gelt. Auf ein mal spitz te sie die Oh ren. Sie setz te sich auf recht hin. Ganz lei se hat te es piep ge ru fen. Da leg te sich die Kat ze schnell wie der hin. Sie tat, als ob sie schlie fe. Sie schlief a ber nicht.

Auf ein mal kam ei ne Maus un ter dem Ka sten her vor. Da leg te die Kat ze den Kopf auf die Vor der pfo ten. Sie reg te sich nicht. Die Au gen fin gen an zu fun keln. Die Maus sah die Kat ze gar nicht. Sie lief un ter den Tisch, um Kru men zu fin den.

Auf ein mal sprang die Kat ze mit ei nem Sat ze vom So fa her un ter, pack te die Maus und trug sie im Mau le da von.

5. Die Kat ze und die Maus.

Ein Mäus chen saß in sei nem Loch.
Das Kätz chen saß da vor.
Lieb Mäus chen, komm, komm nä her doch!
Lieb Mäus chen, komm her vor!

Ich geb dir Zuk ker, weiß und süß,
viel Nüß chen auch voll auf.
Das Mäus chen sich be tö ren ließ,
das Kätz chen fraß es auf.

6. Am Ni ko laus a bend.

Am Ni ko laus a bend sa ßen die Kin der in der Stu be. Sie hat ten lang auf den Ni ko laus ge war tet. A ber er kam nicht. Da setz ten sich die Kin der an das Fen ster und schau ten den Schnee flok ken zu. Die tanz ten wie Sil ber ster ne am hel len Fen ster vor bei. Kling-ling! Ein Schlit ten sau ste ü ber die Stra ße.

Auf ein mal ging die Tü re auf und der Ni ko laus stand in der Stu be. Die Kin der er schra ken, als sie ihn sa hen.

Seid ihr al le brav, sag te der Ni ko laus.

O ja, ant wor te te der Va ter.

Und habt ihr auch flei ßig ge lernt? —

Die Kin der zeig ten, was sie im Le sen, Schrei ben und Be ten ge lernt hat ten.

Da leer te der Ni ko laus sei nen hal ben Sack auf den Tisch: Äp fel, Nüs se, Zuk ker ster ne und Leb ku chen.

7. Sankt Ni ko laus.

Sankt Ni ko laus ist ein bra ver Mann.
Er schenkt den Kin dern, was er kann.
Die Gro ßen läßt er lau fen,
die kön nen sich was kau fen.

8. Weih nach ten.

Al le Jah re wie der kommt das Je sus kind
auf die Er de nie der, wo wir Men schen sind.
Kehrt mit sei nem Se gen ein in je des Haus,
geht auf al len We gen mit uns ein und aus.
Ist auch mir zur Sei te still und un er kannt,
daß es treu mich lei te an der lie ben Hand.

9. Da heim bei Va ter und Mut ter.

Drei klei ne Ge schwi ster sa ßen bei sam men. Sie re de ten von Va ter und Mut ter. Der äl te re Bru der sag te: Ge stern hat mir der Va ter ein neu es Buch ge ge ben. Die Schwe ster sag te: Am Sonn tag ha be ich von der Mut ter ei ne schö ne Schür ze be- kom men. Das Brü der lein sag te: Heu te a bend gibt uns die Mut ter Milch und Brot. O wie gut sind doch Va ter und Mut ter, sag ten die Kin der.

Der äl te re Bru der a ber sag te: Es war ein mal ein Mäd chen. Dem wa ren Va ter und Mut ter ge stor ben.

Da schau ten die Kin der ein an der still an. Das Brü der lein sprach: Un se re gu te Mut ter darf nicht ster ben. Sie gin gen hin ein in das Haus und schmieg ten sich an die El tern. Sie wa ren am lieb sten bei Va ter und Mut ter.

10. Neu jahr.

Ein klei nes Büb lein (Mäd chen) bin ich.
Ich wün sche kurz und in nig:
Ein gu tes, neu es Jahr.
Ge sund heit, Freu de, Frie den
sei euch von Gott be schie den
wie heut, so im mer dar.

11. Das Brot im We ge.

Im Weg das Krüm chen Brot
tritt nicht mit dei nem Fuß,
weil's in des Hun gers Not
ein Tier lein fin den muß.

Leg's auf den Stein vorm Haus
und kannst du, brock es klein;
still dankt es dir die Maus
und still das Vö ge lein.

12. Das Fut ter häus chen.

Gib, gib, gib, ruft es drau ßen den gan zen Tag. Die Vö gel flie gen von Zaun zu Zaun und schau en in al le Fen ster. Kein Sa men körn lein, kein Brot krüm chen, gar nichts kön nen sie fin den. Al les ist ein ge schneit. Die ar men Vög lein zit tern vor Hun ger und Käl te. Gib, gib, gib!

Ro sa, An ton und Ma ri a ge ben ih nen Fut ter. Sie ma chen vor das Fen ster ein Fut ter häus chen und streu en Sa men körn lein und Brot krüm chen hin ein. Dann ma chen sie das Fen ster wie der zu.

Nun kom men die Vög lein her bei, hüp fen hin ein, fres sen das Fut ter und wär men sich im Häus chen.

Wenn es nur schon Früh ling wä re!

13. Stieg litz und Zei serl.

Stieg litz, Stieg litz, 's Zei serl ist krank.
Geh'n wir zum Ba der,
las sen ihm A der.
Stieg litz, Stieg litz, 's Zei serl ist krank.
Rupf mer ihm a Fe derl aus,
mach mer ihm a Bet terl draus.
Stieg litz, Stieg litz, 's Zei serl ist krank.
's Zei serl, mein Zei serl, 's Zei serl ist krank.

14. Früh lings bot schaft.

Kuk kuck, Kuk kuck ruft aus dem Wald:
Las set uns sin gen,
tan zen und sprin gen!
Früh ling, Früh ling wird es nun bald.

Kuk kuck, Kuk kuck läßt nicht sein Schrei'n:
Komm in die Fel der,
Wie sen und Wäl der!
Früh ling, Früh ling stel le dich ein!

15. Der Krei sel.

Schau, wie der Krei sel sich dreht! Nun geht er lang sa mer! Rasch ei nen Schlag mit der Peit sche. Sonst fällt er um. Er fällt in den Gra ben und geht viel leicht ver lo ren. So, nun dreht er sich wie der fein.

Schnur re, Krei sel, schnur re!
Sur re, sur re, sur re!
Mußt dich hur tig dre hen!
Darfst nicht stil le ste hen!
Schnur re, Krei sel, schnur re!
Sur re, sur re, sur re!

Ein mal war ein Mäd chen, das krei sel te. Da wik kel te sich die Schnur fest. Als es den Krei sel an trei ben woll te, flog er in ein Fen ster.

16. Die Sei fen bla sen.

Ei ne Tas se oh ne Hen kel, Was ser mit Sei fe, ein Stroh halm — mehr nicht. Die Kin der ma chen Sei fen bla sen, hel le, zar te, für den Wind. Die flie gen da von. Die ge hen auf Rei sen. Im mer mehr, im mer mehr. Die gan ze Welt soll da von voll wer den. Das war ei ne! — Ei ne ganz gro ße mit bun ten Far ben, Häu sern, Kin dern und Fen stern! So groß — wie dein Kopf. Wo ist sie? — Se platzt.

17. Das Schäf chen.

Auf dem grü nen Ra sen,
wo die Veil chen blühn,
geht mein Schäf chen gra sen
in dem jun gen Grün.

Auf der grü nen Wei de
froh mein Schäf chen springt,
fühlt wie ich die Freu de,
die der Früh ling bringt.

Schäf chen, jetzt er freu e
dich der Herr lich keit;
denn des Him mels Bläu e
währt nur kur ze Zeit.

18. Ver stek ken.

Kommt in den Hof! Wir spie len Ver stek ken. An ton, zäh le rasch ab!

Was sol len wir wet ten?
Drei gol de ne Ket ten,
ein Gläs chen Wein,
du mußt es sein.

Ge org, du mußt su chen. Ge org stellt sich an das Tor, dreht sich um und hält die Hän de vor das Ge sicht. Er zählt eins, zwei, drei, vier, fünf, sechs, sie ben, acht, neun, zehn und so wei ter. Nun ha ben sich al le ver steckt: An ton hin ter ei nen Baum, Mar tin hin ter ei ne Tü re und Lud wig in ei nen Wa gen, der auf dem Ho fe steht. Al le ru fen: Es gilt! Rasch dreht sich Ge org um. Er horcht, ob sich nichts rührt. Da ra schelt es im Wa gen. Dort muß ei ner sein, denkt Ge org. Wie er zum Wa gen eilt, ren nen Mar tin und An ton aus ih rem Ver steck.

Nun lau fen An ton, Mar tin und Ge org um die Wet te zum Tor. An ton ist der er ste. Drei mal pocht er an das Tor und ruft: Eins, zwei, drei, für mich.

Eins, zwei, drei, für Mar tin, ruft Ge org und pocht drei mal an das Tor.

Mar tin ist ü ber ei nen Stein ge stol pert. Er ist auf den Bo den ge pur zelt. — Das Spiel be ginnt von vor ne. Mar tin muß su chen.

19. Aus zähl rei me.

Hin ter Mau ern, Bäu men, Hek ken
wol len wir uns jetzt ver stek ken,
bei den Rie sen, bei den Zwer gen
wol len wir uns jetzt ver ber gen;
drük ke bei de Au gen zu
als dann komm und su che — du.

*

Will der Schmied den Gaul be schla gen,
wie viel Nä gel muß er ha ben?
Eins, zwei, drei, du bist frei;
vier, fünf, sechs, sie ben, acht, neun;
du mußt es sein.

*

Eins, zwei, drei, vier, fünf,
strick' mir ein Paar Strümpf',
nicht zu groß und nicht zu klein,
sonst mußt du der Fän ger sein.

20. Der Spiel ver der ber.

Pit sche, pat sche, Pe ter,
hin term O fen steht er,
hin term O fen lehnt er,
schaust'n an,
dann flennt er.

21. Die Schwal ben sind da!

Schau, am Fen ster sind Schwal ben. Wie freu ich mich, die Schwal ben sind da! Dort auf dem Dach, dort auf der Kir che, schau nur; ei ne ne ben der an dern! Horch, was sie sin gen und sa gen!

Was denn?

Weit, weit sind wir her ge flo gen ü ber Berg und Tal. Wir grü ßen euch, ihr lie ben Men schen in der al ten Hei mat.

22. Klet ter büb lein.

Steigt das Büb lein auf den Baum.
O, so hoch, man sieht es kaum!
Schlüpft von Ast zu Äst chen,
hüpft zum Vo gel nest chen.
Hui! Da lacht es.
Hui! Da kracht es.
Plumps! Da liegt es drun ten.
Du fragst:
Hat's dem Büb lein was ge tan?
Ja, es hat das Bein ge bro chen.
Bis es wie der ge hen kann,
muß es lei den vie le Wo chen.

23. Das Häs chen.

Häs chen saß im grü nen Gras.
Häs chen dach te: Was ist das?
Kommt dort nicht der Jä ger her
mit dem gro ßen Schieß ge wehr?
Husch, mein Häs chen! Husch, husch, husch
in den dich ten Ha sel busch!

Jä ger zieht den Hahn schon auf.
Lie bes Häs chen, lauf doch, lauf!
Ach, nun legt er an! Es knallt,
Daß es durch die Bü sche schallt.
Schau, wie Häs chen lau fen kann!
Hat doch kei ne Stie fel an.

24. Der Wolf und die sieben jungen Geißlein.

1. Es war einmal eine alte Geiß. Diese hatte sieben junge Geißlein und hatte sie lieb, wie eine Mutter ihre Kinder lieb hat. Eines Tages wollte sie in den Wald gehen und Futter holen. Da rief sie ihre sieben Kinder herbei und sprach: Liebe Kinder, ich will hinaus in den Wald. Seid auf eurer Hut vor dem Wolf. Wenn er hereinkommt, so frißt er euch alle mit Haut und Haar. Der Bösewicht verstellt sich oft. Aber an seiner rauhen Stimme und an seinen schwarzen Füßen werdet ihr ihn gleich erkennen. Die Geißlein sagten: Liebe Mutter, wir wollen uns schon in acht nehmen. Du kannst ohne Sorge fortgehen. Da meckerte die Alte und machte sich getrost auf den Weg.

2. Es dauerte nicht lange, so klopfte jemand an die Haustür und rief: Macht auf, ihr lieben Kinder! Eure Mutter ist da und hat jedem von euch etwas mitgebracht. Aber die Geißlein hörten an der rauhen Stimme, daß es der Wolf war. Wir machen nicht auf, riefen sie. Du bist unsere Mutter nicht. Diese hat eine feine und liebliche Stimme. Aber deine Stimme ist rauh. Du bist der Wolf. Da ging der Wolf fort zu einem Krämer. Dort kaufte er sich ein großes Stück Kreide. Die aß er und machte damit seine Stimme fein. Dann kam er zurück, klopfte an die Haustür und rief: Macht auf, ihr lieben Kinder! Eure Mutter ist da und hat jedem von euch etwas mitgebracht. Aber der Wolf hatte seine schwarze Pfote in das Fenster gelegt. Die sahen die Geißlein und riefen: Wir machen nicht auf. Unsere Mutter hat keinen solch schwarzen Fuß wie du. Du bist der Wolf.

3. Da lief der Wolf zu einem Bäcker und sprach: Ich habe mich an den Fuß gestoßen. Streiche mir Teig darüber! Als ihm der Bäcker die Pfote bestrichen hatte, lief er zum Müller und sprach: Streue mir weißes Mehl auf meine Pfote! Der Müller dachte: Der Wolf will jemand betrügen und weigerte sich. Aber der Wolf sprach: Wenn du es nicht tust, so fresse ich dich. Da fürchtete sich der

Müller. Er machte ihm die Pfote weiß. Nun ging der Bösewicht zum drittenmal zu der Haustür. Er klopfte an und sprach: Macht auf, ihr lieben Kinder, euer Mütterchen ist heimgekommen und hat jedem von euch aus dem Walde etwas mitgebracht. Die Geißlein riefen: Zeig uns erst deine Pfote, damit wir wissen, ob du unser liebes Mütterchen bist. — Da legte er die Pfote ins Fenster. Als die Geißlein sahen, daß diese weiß war, glaubten sie, es wäre alles wahr. Sie machten die Türe auf.

4. Wer aber hereinkam, das war der Wolf. Die Geißlein erschraken und wollten sich verstecken. Das eine sprang unter den Tisch, das zweite ins Bett, das dritte in den Ofen, das vierte in die Küche, das fünfte in den Schrank, das sechste unter die Waschschüssel, das siebente in den Kasten der Wanduhr. Aber der Wolf fand sie alle. Eines nach dem andern schluckte er in seinen Rachen. Nur das jüngste und siebente Geißlein, das im Uhrenkasten versteckt war, fand er nicht. Als der Wolf seine Lust gebüßt hatte, trollte er sich fort. Er legte sich draußen auf der grünen Wiese unter einen Baum und fing an zu schlafen.

5. Nicht lange darnach kam die alte Geiß aus dem Walde wieder heim. Ach, was mußte sie da erblicken! Die Haustüre stand sperrweit auf. Tisch, Stühle und Bänke waren umgeworfen. Die Waschschüssel lag in Scherben. Decken und Kissen waren aus dem Bett gezogen. Sie suchte ihre Kinder. Aber nirgends waren sie zu finden. Sie rief sie nacheinander beim Namen. Niemand antwortete ihr. Endlich, als sie an das jüngste und kleinste kam, da rief eine feine Stimme: Liebe Mutter, ich stecke im Uhrkasten. Sie holte es heraus. Nun erzählte das jüngste Geißlein, daß der Wolf doch gekommen wäre und die anderen alle gefressen hätte. Da könnt ihr denken, wie die alte Geiß über ihre armen Kinder geweint hat! Endlich ging sie in ihrem Jammer hinaus. Das jüngste Geißlein lief mit. Als die beiden auf die Wiese kamen, lag der Wolf unter dem Baume und schnarchte, daß die Äste zitterten. Die alte Geiß betrachtete ihn von allen Seiten. Sie sah, daß in seinem angefüllten Bauche sich etwas regte und zappelte.

6. Ach Gott, dachte sie, sollten meine armen Kinder, die er zum Abendbrot hinuntergewürgt hat, noch am Leben sein? Da mußte das Geißlein nach Haus laufen und Schere, Nadel und Zwirn holen. Dann schnitt sie dem Ungetüm den Bauch auf. Kaum hatte sie einen Schnitt getan, so steckte schon ein Geißlein den Kopf heraus. Als sie weiter schnitt, sprangen nacheinander alle sechse heraus. Alle waren noch am Leben und hatten nicht einmal Schaden gelitten. Der Wolf hatte sie in der Gier ganz hinuntergeschluckt. Das war eine Freude! Da herzten sie ihre liebe Mutter und hüpften vor Freude. Die Mutter aber sagte: Jetzt geht und sucht große Steine. Damit wollen wir dem Bösewicht den Bauch füllen, solange er noch im Schlaf liegt. Da schleppten die sieben Geißlein in aller Eile Steine herbei. Soviel sie in den Bauch hineinbringen konnten, wurden hineingesteckt. Dann nähte ihn die Alte wieder in aller Geschwindigkeit zu. Der Wolf durfte davon nichts merken. Er durfte sich nicht einmal rühren.

7. Als der Wolf endlich ausgeschlafen hatte, machte er sich auf die Beine. Die Steine in seinem Bauche erregten in ihm großen Durst. Darum wollte er zu einem Brunnen gehen und trinken. Als er aber anfing zu gehen und sich hin und her zu bewegen, stießen die Steine in seinem Bauch aneinander und rappelten. Da rief er:

Was rumpelt und pumpelt
in meinem Bauch herum?
Ich meinte, es sind sechs Geißlein,
es sind aber lauter Wackersteine.

Als er an den Brunnen kam, bückte er sich über das Wasser, um zu trinken. Da zogen ihn die schweren Steine in das Wasser. Er mußte jämmerlich ersaufen. Die sieben Geißlein sahen das. Sie kamen herbeigelaufen und riefen laut: Der Wolf ist tot! Der Wolf ist tot! Sie tanzten mit ihrer Mutter vor Freude um den Brunnen herum.

25. Frau Holle.

1. Eine Witwe hatte zwei Töchter. Davon war die eine schön und fleißig. Die andere war häßlich und faul. Sie hatte aber die häßliche und faule viel lieber, weil sie ihre rechte Tochter war. Die andere mußte alle Arbeit tun und das Aschenbrödel im Hause sein. Das arme Mädchen mußte sich täglich auf die große Straße bei einem Brunnen setzen und so viel spinnen, daß ihm das Blut aus den Fingern sprang. Nun trug es sich zu, daß die Spule einmal ganz blutig war. Da bückte sich das Mädchen in den Brunnen und wollte die Spule abwaschen. Sie sprang ihm aber aus der Hand und fiel hinab. Das Mädchen weinte, lief zur Stiefmutter und erzählte das Unglück. Diese schalt das Mädchen aber heftig und sprach: Hast du die Spule hinunterfallen lassen, so hole sie auch wieder herauf!

2. Da ging das Mädchen zu dem Brunnen zurück. Es wußte nicht, was es anfangen sollte. In seiner Angst sprang es in den Brunnen hinein, um die Spule zu holen. Es verlor die Besinnung. Als das Mädchen wieder erwachte, war es auf einer schönen Wiese. Viel tausend Blumen standen darauf. Auf dieser Wiese ging es fort und kam zu einem Backofen. Der war voll Brot. Das Brot aber rief: Zieh mich heraus, zieh mich heraus! Sonst verbrenne ich. Da trat das Mädchen herzu und holte alles nacheinander mit dem Brotschieber heraus. — Dann ging es weiter und kam zu einem Baum. Der hing voll Äpfel. Er rief ihm zu: Schüttle mich, schüttle mich! Meine Äpfel sind alle reif. Da schüttelte es den Baum, daß die Äpfel fielen. Es schüttelte, bis keiner mehr droben war. Als es alle auf einen Haufen zusammengelegt hatte, ging es wieder weiter.

3. Endlich kam das Mädchen zu einem kleinen Haus. Da guckte eine alte Frau heraus. Weil diese aber so große Zähne hatte, wurde dem Mädchen angst. Es wollte fortlaufen. Die alte Frau aber rief ihm nach: Was fürchtest du dich, liebes Kind? Bleib

bei mir! Wenn du alle Arbeit im Haus ordentlich tun willst, soll es dir gut gehen. Du mußt nur acht geben, daß du mein Bett gut machst und es fleißig aufschüttelst, daß die Federn fliegen. Dann schneit es in der Welt. Ich bin die Frau Holle. Weil die alte Frau ihm so gut zusprach, begab sich das Mädchen in ihren Dienst. Es besorgte alles zur Zufriedenheit der alten Frau. Dafür hatte es ein gutes Leben bei ihr. Kein böses Wort bekam das Kind zu hören. Alle Tage gab es Gesottenes und Gebratenes.

4. Nun war das Mädchen eine Zeitlang bei der Frau Holle. Da wurde es traurig und wußte anfangs selbst nicht, was ihm fehlte. Endlich merkte es, daß es Heimweh hatte. Ob es ihm hier gleich vieltausendmal besser ging als zu Haus, so hatte es doch ein Verlangen dahin. Endlich sagte es zu der alten Frau: Ich habe Heimweh. Wenn es mir hier auch noch so gut geht, so kann ich doch nicht länger bleiben. Ich muß wieder hinauf zu den Meinigen. Die Frau Holle sagte: Es gefällt mir, daß du wieder nach Hause verlangst. Weil du mir so treu gedient hast, so will ich dich selbst wieder hinaufbringen. Sie nahm das Mädchen an der Hand und führte es vor ein großes Tor. Das Tor wurde aufgetan. Wie das Mädchen gerade darunter stand, fiel ein gewaltiger Goldregen. Alles Gold blieb an ihm hängen, so daß es über und über davon bedeckt wurde. Das sollst du haben, weil du so fleißig gewesen bist, sprach die Frau Holle und gab dem Mädchen auch die Spule wieder, die ihm in den Brunnen gefallen war. Darauf wurde das Tor verschlossen. Das Mädchen befand sich wieder oben auf der Welt, nicht weit von seiner Mutter Haus. Als es in den Hof kam, saß der Hahn auf dem Brunnen und rief: Kikiriki, unsere goldene Jungfrau ist wieder hie. Da ging es hinein zu seiner Mutter. Weil es so mit Gold bedeckt ankam, fand es bei Mutter und Schwester gute Aufnahme.

5. Das Mädchen erzählte alles, was ihm begegnet war. Als die Mutter hörte, wie ihre schöne, fleißige Tochter zu dem großen Reichtum gekommen war, wollte sie der anderen, häßlichen und

faulen gerne dasselbe Glück verschaffen. Diese mußte sich auch an den Brunnen setzen und spinnen. Damit ihre Spule blutig wurde, stach sie sich in den Finger und stieß die Hand in eine Dornhecke. Dann warf sie die Spule in den Brunnen und sprang selber hinein. Sie kam, wie die andere, auf die schöne Wiese und ging auf demselben Pfade weiter. Als sie zum Backofen gelangte, schrie das Brot wieder: Zieh mich heraus, zieh mich heraus! Sonst verbrenne ich. Die Faule aber antwortete: Ich habe keine Lust, mich schmutzig zu machen und ging fort. Bald kam sie zu dem Apfelbaum. Der rief: Schüttle mich, schüttle mich! Meine Äpfel sind alle reif. Sie aber antwortete: Du kommst mir recht. Es könnte mir einer auf den Kopf fallen. Dann ging sie weiter.

6. Als sie zum Haus der Frau Holle kam, fürchtete sie sich nicht. Sie hatte von ihren großen Zähnen schon gehört und verdingte sich gleich zu ihr. Am ersten Tage tat sie sich Gewalt an, war fleißig und folgte der Frau Holle, wenn sie ihr etwas sagte. Denn sie dachte an das viele Gold, das ihr die alte Frau schenken würde. Am zweiten Tage aber fing sie schon an zu faulenzen. Am dritten Tage faulenzte sie noch mehr. Da wollte sie morgens gar nicht aufstehen. Sie machte auch der Frau Holle das Bett nicht, wie es sich gehörte. Sie schüttelte es nicht, daß die Federn aufflogen. Frau Holle hatte bald satt und sagte der Faulen den Dienst auf. Diese war damit einverstanden und meinte, nun würde der Goldregen kommen. Frau Holle führte sie auch zu dem Tor. Als die Faule darunter stand, wurde statt des Goldes ein großer Kessel voll Pech ausgeschüttet. Das ist die Belohnung für deine Dienste, du faules Mädchen, sagte die Frau Holle und schloß das Tor zu. Da kam die Faule heim. Aber sie war ganz mit Pech bedeckt. Als der Hahn auf dem Brunnen das Mädchen sah, rief er: Kikiriki, unsere schmutzige Jungfrau ist wieder hie. Das Pech aber blieb fest an ihr hängen und wollte nicht mehr abgehen, solange sie lebte.

Nachwort zum Faksimile-Nachdruck

„Wenn das Kind es noch nicht erkannt haben sollte, wird es ihm schnell klar werden, daß unter allem, was man in der Schule lernt, nichts so wichtig ist wie das Lesen; nichts kommt dem an Bedeutung gleich. Deshalb ist es so wichtig, wie es gelehrt wird.“

(Bruno Bettelheim)

Unter diesem Gesichtspunkt bietet der Faksimile-Nachdruck des „Deutschen Kinderbüchleins“ der Ausgabe 1927 von M. F. Eisenlohr jedem an Erstunterricht interessierten Pädagogen eine einmalige Chance, Aufbau und Gestaltung einer vor 70 Jahren erstmals aufgelegten Fibel kennenzulernen.

Darüber hinaus stellt diese Fibel mit ihrer deutschen Druck- und Schreibschrift bereits ein kulturhistorisches Dokument dar, ist doch die sog. „gotische Schrift“ durch die gemischte Antiqua und die „Deutsche Schrift“ durch die lateinische Ausgangsschrift seit Jahrzehnten ersetzt worden.

Die Illustrationen von G. Wolfinger geben überdies Einblick in die damalige Umwelt des Kindes und zeigen dem heutigen Betrachter etliche schon historische Gebrauchsgegenstände sowie einige „Erinnerungen“ an den 1. Weltkrieg (vgl. S. 2, 6, 8, 10).

In mehreren Übungstexten kommen auch erziehliche Wertvorstellungen deutlicher als in heutigen Fibeln zum Ausdruck, z. B:

An ton und Vi tus ta ten, wie der Va ter ſag te.
Sie mach ten dem Va ter nie Ver druß.

Der lesedidaktische Aufbau der Fibel und die realisierte „Leseschreibmethode“ werden im 1927 erschienenen „Handbuch für den ersten Unterricht im Lesen und Schreiben“ von M. F. Eisenlohr erläutert. Eine fundierte Auseinandersetzung mit den damals praktizierten Methoden erfolgte bereits 1920 im „Grundriß zum Deutschen Kinder=Büchlein“. Demnach weist die Fibel von M. F. Eisenlohr folgende charakteristische Merkmale auf:

1. Kindertümlichkeit

Eisenlohr versteht darunter, daß eine Fibel und die damit verbundene Lesemethode auf die „Eigenart des kindlichen Geistes und die Eigenart des Unterrichtsstoffes“ auszurichten sind. Die Verwendung einfacher, klarer Abbildungen von Gegenständen der kindlichen Erfahrungswelt sollen den Schulanfänger zum genauen Beobachten, Unterscheiden, Vergleichen und Sprechen anregen, ehe die abstrakten Buchstaben beigebracht werden.

2. Lautgewinnung

Einen wichtigen Schwerpunkt der Erstlesearbeit stellt die Lautgewinnung dar. M. F. Eisenlohr macht schon in seinem „Grundriß“ deutlich, daß den meisten Schulanfängern ein klares Lautbewußtsein fehlt, was sich in der Schwierigkeit beim Heraushören von Lauten aus Wörtern zeigt. Der methodische Weg sah deshalb bei Eisenlohr folgendermaßen aus: Er regte die Kinder, von den Illustrationen ausgehend, zum Sprechen an, zeichnete dann die Bilder an die Tafel und druckte die entsprechenden Wörter darunter, so daß die Schüler den inneren Zusammenhang Bild – Wort erkannten. Nach dem Vorlesen der Wörter „lasen“ die Kinder die Begriffe mit und ohne Bildhilfe. Sodann wurde der sich farbig abhebende Inlaut in den Wörtern (vgl. S. 2, 4, 6 ...) *optisch* wahrgenommen und anschließend durch artikuliertes Vorsprechen, Bewußtmachen der Mundstellung und genaues Hinhören *akustisch* ausgegliedert. Abschließend lernten die Schüler den analysierten Buchstaben in (deutscher) Schreibschrift schreiben. Neu an der Methode Eisenlohrs war die bewußte *optische* Analyse eines Buchstabens innerhalb eines Wortes, aber so, „daß die visuelle Analyse den Schlüssel und die Voraussetzung der akustisch-motorischen bildet“.

Da bei M. F. Eisenlohr die Druckschrift auf Grund ihrer klaren Strukturierung die Leseschrift war und der Schreibschrift voraus-ging, wurde diese Methode die „Leseschreibmethode“ genannt.

3. Lautverwertung

Hierunter versteht Eisenlohr das eigentliche Zusammenlesen der Buchstaben. Er sieht die Synthese als den schwierigsten Teil des Leselernprozesses an, da, wie er im „Grundriß“ schreibt, „die durchs Ohr aufgenommene Klangvorstellung des Wortes mit dem optischen Gesamteindruck zu verbinden ist“. Eisenlohr beginnt mit der Synthese nach der Analyse des „s“. Er beschränkt sich hierbei jedoch zunächst auf Silben, da sie „optisch die einfachste und leichteste Lautzusammensetzung darstellt und akustisch und sprechmotorisch die kleinste sprachliche Einheit bezeichnet“.

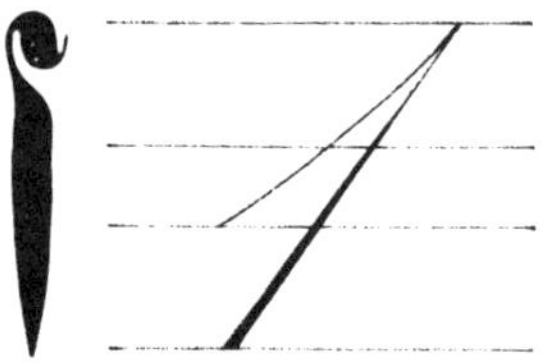

me	ma	mei
ſe	ſa	ſei

Die Klangvorstellung der Silben vemittelt er durch Vor- und Nachsprechen und läßt die jeweiligen Unterschiede von den Kindern herausfinden. Während die ersten Silben isoliert geübt werden, beginnt Eisenlohr nach der Analyse des „l“ mit dem silbenweisen Erlesen von Wörtern:

ei le	ei len	le ſen
ſei le	ſei len	rei ſen
ma le	ma len	ra ſen

Dabei wählt er bewußt nur Verben, da diese durch Nachahmen den Kindern inhaltlich leicht verständlich gemacht werden können. Mit Hilfe sog. „apperzipierender Reihen“, bei denen Verben mit gleichen Endsilben untereinander angeordnet sind, versuchte Eisenlohr das „Wiedererkennen gleicher Lautkomplexe“ zu unterstützen und gleichzeitig einen „natürlichen Sprechton“ einzuüben:

lei te	lei ten	tei len	rei ze	rei zen	zei gen
rei te	rei ten	fei len	wal ze	wal zen	gei gen
ra te	ra ten	ei len	ſal ze	ſal zen	nei gen
be te	be ten	ma len	fal ze	fal zen	ſa gen
fal te	fal ten	fei len			

Verglichen mit heutigen Fibeln und Lesemethoden muß hervorgehoben werden, daß M. F. Eisenlohr wesentliche lesedidaktische Erkenntnisse bereits beachtet hat. So bilden aus dem Gesamtunterricht mit Inhalt erfüllte Wörter die Ausgangsbasis für die Gewinnung von Buchstaben und Lauten und machen dem Kind bewußt, daß Lesen Sinnentnahme aus gedruckten Texten ist. Die Analyse wird optisch *und* akustisch vollzogen und motorisch, jedoch in Schreibschrift, gesichert. Die Synthese erfolgt allerdings nur über Silben, ebenfalls der Aufbau von Wörtern. Derzeitige Leselehrgänge versuchen dagegen, sofort nach der Analyse der ersten Laute das Zusammenlesen anzubahnen, um dem Kind die Einsicht in die Lautstruktur der schriftlich fixierten Sprache zu ermöglichen.

Bei Eisenlohr werden überdies zunächst nur die Kleinbuchstaben und erst anschließend die Großbuchstaben analysiert, wodurch der gleiche Lautwert der sich entsprechenden Groß- und Kleinbuchstaben mit unnötiger Verzögerung bewußt gemacht wird.

Eine Erleichterung für das Lesen- und Schreibenlernen heute stellt mit Sicherheit die Beschränkung auf *eine* Ausgangsschrift (Druckschrift) dar.

Insgesamt bleibt es ein Verdienst Eisenlohrs, mit seiner Fibel einen Weg beschritten zu haben, der sowohl Kind- als auch Sachgemäßheit in ausgewogener Weise berücksichtigte und dadurch zu guten Erfolgen führte. Dies belegt auch die dem „Handbuch“ entnommene lobende Zuschrift eines Oberlehrers aus Oberfahlheim:

„Seit 29 Jahren im ersten Schuljahr immer arbeitend, davon 24 in ungeteilter Schule, muß ich bekennen, daß ich noch niemals solche Erfolge erzielte. Habe heuer 10 Anfänger, die nett zusammenlesen wie noch nie.“

Adelheid Auf'm Kolk